AF555228

L27n
24198

PANÉGYRIQUE

DE

SAINTE GERMAINE

PRONONCÉ

Dans l'église de La Bastide-de-Sérou

LE 28 AOUT 1867

PAR M. L'ABBÉ J. ORMIÈRES

Curé de Montels (Ariége)

PRIX : 50 CENTIMES

SE VEND AU PROFIT DU DENIER DE SAINT-PIERRE
POUR L'ŒUVRE DES ZOUAVES PONTIFICAUX

FOIX

TYPOGRAPHIE ET LITHOGRAPHIE POMIÈS AINÉ & NEVEU

M DCCC LXVIII

LETTRE

DE

MONSEIGNEUR L'ÉVÊQUE DE PAMIERS

A M. L'ABBÉ J. ORMIÈRES

CURÉ DE MONTELS

Pamiers, le 3 Mai 1868.

Mon cher Curé,

J'ai lu attentivement, avec intérêt et édification, votre *Panégyrique de Sainte Germaine*. Je suis convaincu qu'il a beaucoup intéressé vos auditeurs, et je me plais à vous dire qu'il est fait pour produire une impression aussi agréable que salutaire, partout où vous aurez occasion de le prononcer.

Croyez-moi toujours, mon cher Curé,

Votre bien dévoué en Notre-Seigneur,

† AUGUSTE, évêque de Pamiers.

PANÉGYRIQUE

DE

SAINTE GERMAINE

Quæ stulta sunt mundi elegit Deus, ut confundat sapientes : et infirma mundi elegit Deus, ut confundat fortia.

Dieu a choisi ceux qui sont ignorants aux yeux du monde, pour confondre les savants : il a choisi ceux qui sont faibles selon le monde, pour confondre les puissants.

(S. PAUL. 1re. AUX CORINTHIENS. CHAP. 1er v. 27e).

MES FRÈRES,

L'amour de Dieu pour les hommes est écrit sur chacun de ses ouvrages. La Création et la Rédemption sont les chefs-d'œuvre de cet amour si merveilleusement fécond.

Pour qui veut regarder à ces sublimes sommets de l'édifice divin, quels motifs de reconnaissance!... Quel sujet d'admiration!...

Au second plan, apparaît l'Église, cet autre enfantement de la Toute-puissance et de l'infini

Amour ; — elle apparaît, dis-je, avec son immortel apostolat de vérité, de charité, de sainteté.

La vérité catholique éclaire l'intelligence de l'homme ; la charité réchauffe et dirige son cœur ; la sainteté conduit ses pas vers l'accomplissement de ses destinées éternelles.

La sainteté !... Elle a ses héros que l'Église acclame avec un noble et légitime orgueil.

Ce sont ceux qui ont entendu cette parole du Maître : *soyez saints parce que je suis saint (1).*

Et ils se sont acheminés à sa suite, *marchant de vertu en vertu (2), et leurs sentiers brillent à tous les yeux, comme une splendide lumière qui s'avance et grandit jusqu'au jour parfait de l'Éternité (3).*

N'est-ce pas-là, Mes Frères, affirmer, une fois de plus, l'ineffable sollicitude du Créateur pour ses créatures ?

Ah ! que dites-vous des paternelles industries de son cœur ?

Il suscite les saints pour nous tracer la voie, pour nous donner des modèles. Il les produit sur la hauteur, comme ces phares étincelants, des-

(1) *Sancti estote quia ego sanctus sum.* Levit. XI — 44.

(2) *Ibunt de virtute in virtutem.* Ps. LXXXIII. — 8.

(3) *Justorum semita quasi lux splendens, procedit et crescit usquè ad perfectam diem.* Prov. IV. — 18.

tinés à servir de point de mire au voyageur qui rame vers le port.

Et puis, entendez-vous, comme le cri de la sentinelle de nuit, cette parole que tout écho répète autour de vous et à toute heure :

« *Levez les yeux ! Regardez sur la montagne l'exemple qui vous est offert* » *(1)*.

A ces mots, voyageur attardé sur la mer qu'enveloppent déjà les ombres du crépuscule, je cherche d'où me viendra la lumière ; — je lève les yeux !...

Et j'aperçois un point mystérieux d'où s'échappent, en tous sens, d'éblouissantes clartés !...

Déjà, tous les regards sont tournés de ce côté ; — de ce côté se tournent aussi tous les cœurs...

Et j'entends une immense acclamation d'enthousiasme et d'amour, à laquelle je suis impatient de mêler ma voix :

Salut à toi, ô Pibrac !... — Germaine Cousin, je vous salue !...

Oui, Mes Frères, saluons la terre où a germé la sainteté, car elle a été bénie du Ciel !

Mais surtout, saluons Germaine, cette généreuse enfant, dont l'héroïque vertu a mérité les récompenses de Dieu et les applaudissements des hommes.

(1) *Inspice, et fac secundùm exemplar quod tibi in monte monstratum est.* Exod. XXV. — 40.

Germaine Cousin !... C'est un astre que la main du Très-Haut a conduit à travers notre horizon pour purifier, pour vivifier une atmosphère de corruption et de mort.

Germaine Cousin !... C'est la personnification providentielle des vertus que nous avons oubliées.

Elle se montre, à son heure, pour opposer aux enivrements de l'orgueil, les enseignements de l'humilité ; à la soif des richesses, la pratique de la pauvreté ; à l'amour des plaisirs, la sainte folie de la souffrance et du crucifiement.

Non, jamais panacée ne fut plus opportune, et S. Augustin a dit avec raison que « *Dieu prépare les remèdes qui nous sont nécessaires avec une admirable sagesse, et selon les convenances et les besoins du temps.* »

En effet, le monde a désappris la science du salut ; il a perdu de vue le Calvaire ! C'est pourquoi il court aux abîmes par tous les chemins qui y précipitent...

Germaine, *humble, pauvre, persécutée,* entrant par là même en possession de l'éternelle félicité ; Germaine telle que Dieu nous l'a faite, — n'est-ce pas la voix qui s'élève du désert et qui crie : *redressez les sentiers du Seigneur... (1)*,

(1) *Vox clamantis in deserto : rectas facite semitas Dei nostri.* Isaïe. XL. — 3.

car les temps sont accomplis, et le règne de Dieu est proche?... (1)

Mes Frères, j'ai accepté le périlleux honneur de venir vous parler de la vie et des vertus de Germaine Cousin.

J'avoue que l'attrait du sujet me dédommage, dans une certaine mesure, des dangers qui vont mettre à l'épreuve mon insuffisance oratoire.

Et puis, je n'ai pas la prétention, il faut que vous le sachiez, de vous apprendre quoi que ce soit touchant l'aimable héroïne qui fait l'objet de cette solennité.

L'histoire de Germaine Cousin est une histoire populaire. Ses moindres détails sont dans la bouche des enfants.

La vie de Germaine, ses titres à la vénération de tous, la puissance de son intercession, — qui ne sait tout cela, dans cette cité surtout où la dévotion à la *Sainte de nos montagnes*, a devancé, pour ainsi dire, les décrets de l'Église ?

Ah! vous n'en serez que plus indulgents pour moi.

A mesure que je vous dirai ce que vous savez

(1) *Quoniam impletum est tempus, et appropinquavit regnum Dei*. Marc. I. — 15.

déjà , oubliant celui qui parle , vous rendrez grâce au Dieu tout-puissant du Ciel qui se montre si *admirable dans ses saints : mirabilis Deus in sanctis suis (1).*

Et vous , Germaine ! daignez accueillir ce faible hommage de notre amour.

Du haut du Ciel où nous nous plaisons à vous contempler , bénissez-nous ! Et de même que vous êtes ici-bas notre modèle, soyez, près de Dieu , notre protectrice !

Implorons les lumières de l'Esprit-saint par l'entremise de la Vierge Marie , *Ave Maria.*

(1) Ps. LXVII — 36.

Le monde ignore ce que c'est que la sainteté. Bien plus, il ne souffre pas même qu'on lui en parle. Et si, pour lui en donner le goût, on cherche à l'en instruire, il répond ce que répondirent à S. Paul les membres de l'Aréopage : *nous vous écouterons une autre fois sur cette question, audiemus te de hoc iterùm (1).*

Quant à nous, qui sommes faits pour être saints, instruisons-nous de la sainteté, à l'école de ceux qui nous ont ouvert la carrière. C'est notre devoir, c'est notre intérêt. Oui, appliquons-nous, de tous nos efforts, à l'étude d'une profession qui est la nôtre.

La sainteté, envisagée en Dieu, n'est autre chose que « *l'aversion qu'il a pour le crime et pour tout ce qui peut blesser la pureté de son culte, et la sévérité avec laquelle il le punit.* » *(2)*

Pour l'homme, la sainteté consiste « *dans l'observation des préceptes divins et dans l'exercice des vertus chrétiennes.* » *(3)*

D'après cette notion, un Saint, c'est l'Évangile en action.

Disons mieux : un Saint, c'est la reproduction plus ou moins fidèle de Jésus-Christ ; c'est-à-dire

(1) Act. XVII. — 32.

(2) Bergier. Diction. théol.

(3) Idem.

la manifestation de Dieu sur la terre, *manifestavi onmen tuum hominibus* (1).

Ainsi, Mes Frères, je suis amené à vous exposer clairement mon dessein.

Il consiste à vouloir vous montrer que Dieu s'est manifesté au monde, en la personne de Germaine Cousin, et d'une manière éclatante, par les effusions de sa Grâce, et par les effets de sa Toute-puissance.

Cet enseignement est fécond en conséquences pratiques. Je m'efforcerai d'en déduire les principales, les plus obvies, celles qui s'en détacheront naturellement, comme la fleur de sa tige; comme le fruit de l'arbre qui l'a porté.

(1) S. Jean. XVII. — 6.

Première Partie

I. C'était vers l'année 1579.

Luther était mort. Mais il vivait dans ses adeptes, et ses dissolvantes doctrines, gagnant de proche en proche, remuaient les consciences en attendant qu'on les vît remuer les Empires.

Un grand scandale était donné au monde, et de grands désastres se préparaient pour l'Église de Jésus-Christ.

Mais Dieu qui ne perd jamais de vue les intérêts de sa gloire, tenait en réserve, pour l'opposer aux courants impurs qui débordaient, un puissant exemple de vertu.

Luther, comme autrefois Satan, avait voulu faire un monde nouveau ayant pour base la libre-pensée, et pour couronnement, la révolte, l'orgueil.

Et Dieu, dans sa pensée éternelle, disposait en silence un magnifique édifice d'obéissance et d'humilité.

C'est ainsi qu'au milieu des plus graves dangers, le Seigneur du Ciel frappe du pied, et il surgit un Saint destiné à être *le sel de la terre (1)*, pour la préserver de la corruption.

II. Non loin de l'antique cité que les chroniques appellent *la pieuse, la savante (2)*, à Pibrac, obscur hameau, et dans une chaumière plus obscure encore, naît de parents pauvres une enfant qui reçoit au baptême le nom de *Germaine*.

A cette naissance, le Ciel a tressailli d'allégresse. Mais la terre n'y a rien compris ; elle demeure indifférente, silencieuse, comme en présence d'un événement qui ne la regarde pas. Autour de ce berceau que les Anges contemplent d'en haut avec un frémissement d'amour, tout se borne, pour la terre, au sourire maternel qui

(1) *Vos estis sal terræ.* Matth. V. — 13.

(2) Toulouse, à 3 l. E. de Pibrac.

nous a tous accueillis avec le premier rayon de soleil de notre premier jour.

Cependant, ô Pibrac, heureux hameau, réjouis-toi ! Tu possèdes en ton sein un trésor qui fait envie aux habitants des Cieux. *Tu es la moindre parmi les bourgades de Juda (1)*, mais comme je te vois grandir ! Ton nom fera le tour du monde, et l'on viendra de toutes parts, baiser la poussière de tes sentiers !...

Nous ne savons rien de l'enfance de Germaine Cousin. Seulement, la tradition locale nous a transmis le souvenir de la mort de sa mère qui la laissa, fille unique, à un âge où l'âme et le corps ont encore besoin du cœur et du regard maternels.

Cependant, Mes Frères, n'allez pas, outre mesure, vous attrister de cette perte. Elle entre dans les desseins particuliers de la Providence qui se réserve le soin de cultiver, elle seule, cette précieuse fleur du Ciel éclose sur la terre. Sa sève n'en sera que plus pure ; ses parfums n'en seront que plus doux... — Mystérieuse et cachée, elle s'épanouira dans les ombres du vallon qui l'a vu naître. Nul ne prendra garde à sa présence. Le passant ne se détournera point pour la regarder. Mais le Ciel qui la contemple, la protégera contre

(1) *Parvulus es in millibus Juda*. Mich. V. — 2.

l'orage et lui distillera sa rosée la plus tendre, ses rayons les plus beaux.

III. Les souvenirs les plus authentiques nous font retrouver Germaine en face d'une belle-mère dénaturée, — une vraie *marâtre !* Cruelle jusqu'aux derniers excès, cette femme dont heureusemeut le nom s'est perdu, assouvira sur cette pauvre enfant des passions qu'il ne faut pas qualifier ici. Elle n'aime pas Germaine. Ce n'est pas assez, elle la déteste ! Sa seule présence l'importune et l'irrite jusqu'à la fureur. Il ne lui suffit pas de la maltraiter, elle veut la retrancher de la famille. « *Il faut l'éloigner*, dit-elle à son mari, *elle est atteinte d'un mal qui pourrait passer à nos enfants.* »

En effet, Germaine est affligée de scrofules. Et ce sera là le prétexte qui lui fera interdire tout accès au foyer de famille. Son père ne cherche pas même à la défendre contre les attaques de la belle-mère. Il cède aux instances de cette femme impitoyable. Qui sait ? A force de suggestions, il partage peut-être son aversion pour cette innocente enfant ; car il faut le dire, Germaine est chétive, disgracieuse, malade. Dès-lors, elle est condamnée à garder un troupeau et à vivre, du matin au soir, loin du toit sous lequel a vécu sa mère.

La nuit, à son retour, quel froid isolement! Quel désolant abandon!

Elle a supporté les ardeurs du soleil ou les rigueurs de l'intempérie; elle est peut-être plus malade qu'à l'ordinaire, — qu'importe! Une main amie ne vient point au-devant de la sienne; pas une parole, pas un regard de bon accueil!... Un morceau de pain noir qu'on lui jette de loin, voilà sa récompense!... Quelques paroles outrageantes, des menaces, et très-souvent d'ignobles sévices, — pauvre enfant, voilà votre bienvenue!...

Ah! le cœur se serre à cette pensée, et les larmes montent dans les yeux, quand on voit Germaine, ainsi accueillie, aller prendre la seule place qu'on ne lui dispute pas, sous l'escalier de la maison, et se coucher sur un lit de sarments.

Or, savez-vous, Mes Frères, de quelle manière notre jeune Sainte supporte cette existence de privations et d'avanies?

La belle-mère l'insulte; la belle-mère la frappe. Son père l'abandonne, pour ne rien dire de plus. Elle se voit méprisée, reléguée, à charge à sa famille et frappée d'ostracisme au milieu des siens...

Et Germaine conserve le calme de l'innocence et le sourire du pardon!

Sur son front jamais un nuage ne passe, et son cœur n'a pas un battement de plus. Jamais elle ne se plaint; jamais elle ne s'attriste. Et dans son attitude, pas plus que dans ses traits, rien qui trahisse une disposition quelconque de mécontentement ou de murmure intérieur.

Ah! Mes Frères, je devine où vous entraîne votre pensée :

A ce spectacle d'une résignation si parfaite, pleins d'admiration pour Germaine, vous vous rappelez cette touchante figure de l'Agneau qui ne fait pas entendre un bêlement sous le ciseau du tondeur (1), et vous dites : *comme elle lui ressemble!*

Oui, Germaine! vous retracez à nos yeux cette douce image de l'*Agneau de Dieu, chargé des péchés du monde (2), obéissant et résigné jusqu'à la mort et à la mort de la croix (3).* Allez, ô héroïque enfant! vous ressemblez à votre divin modèle, et c'est par ce côté surtout que je me sens sollicité vers vous.

Germaine souffre; elle souffre toujours! Mais

(1) *Quasi agnus coràm tondente se, obmutescet, et non aperiet os suum.* Isaie LIII. — 7.

(2) *Ecce agnus Dei, ecce qui tollis peccata mundi.* S. Jean. I. — 29.

(3) *Factus obediens usquè ad mortem, mortem autem crucis.* Philip. II. — 8.

je la vois toujours souriante et sereine. Bien plus, elle est heureuse : c'est qu'elle trouve à souffrir, un bonheur qui n'a d'expression que dans la langue du Calvaire.

Comme elle savoure dans son cœur chaque trait nouveau qui vient le percer ! Ne dirait-on pas qu'à mesure que son calice devient plus amer, elle est plus ardente à l'épuiser ? Ah ! ne vous semble-t-il pas entendre s'élancer de sa poitrine ces brûlantes aspirations d'une autre Sainte : « *Pas assez, ô mon Dieu !... Encore davantage !... Ou souffrir, ou mourir !...* » (1)

Courage, ô Germaine ! vous nous donnez un grand exemple !

Les hommes répugnent à la souffrance, — et vous leur faites voir qu'elle est la source des plus enivrantes délices.

Les hommes recherchent les honneurs, — et vous arrivez à la gloire par les mépris du monde et par l'humilité.

Les hommes courent après les richesses, — et par la pauvreté, vous vous élevez à la possession d'impérissables trésors.

Ah ! puissions-nous vous suivre dans cette voie !

Du moins, attirez-nous, ô Germaine ! et faites qu'au sortir de l'exil, comme vous, nous trouvions la patrie !...

(1) Sainte Thérèse.

IV. Je n'en ai pas fini, Mes Frères, avec le récit des épreuves de Germaine.

Pour reproduire l'entière ressemblance du divin Maître, il faut que notre Sainte ne rencontre autour d'elle, ni âmes sympathiques, ni regards amis. Que dis-je ? La malice des hommes l'environnera comme un rempart. Ses ennemis se dresseront devant elle pour l'opprimer, et elle pourra pousser vers le Ciel le cri du psalmiste : *ils sont nombreux ceux qui me font la guerre !... (1) Vous, Seigneur, ne m'abandonnez pas (2).*

La patience, la résignation et l'humilité de Germaine passent, dans le pays, pour de la stupidité. Ses habitudes de silence, son goût pour la solitude, son imperturbable recueillement, sa modestie, sa dévotion, — on met tout cela sur le compte d'une simplicité ridicule, et l'on y trouve ample matière à railleries.

Ajoutez la complexion défectueuse de Germaine, ses infirmités, son dénûment, — et vous aurez une idée de tous les dédains dont on l'abreuve. Sur son passage et autour d'elle, ce ne sont que grossiers quolibets et grossières injures. C'est la conspiration du mépris dont se plaint le prophète : *du matin au soir, je suis devenu un sujet*

(1) *Multi insurgunt adversùm me.* Ps. III. — 2.

(2) *Ne derelinquas me.* Id. XXVI. — 9.

de moqueries: factus sum in derisum totâ die; tout le monde m'accable d'insultes: omnes subsannant me (1).

Ainsi juge le monde, ainsi il se conduit.

Les réalités de la vertu le condamnent et l'offusquent. C'est pourquoi, lorsqu'il les rencontre, il cherche à les étouffer sous le poids de ses insolences et de ses sarcasmes. — Rappelez-vous les Juifs qui pour se venger des exemples et des prédications du Fils de Dieu, lui jetaient des pierres!...

Ah! je me sens pressé de protester, au nom de la vertu persécutée et baffouée...

Mais, non! Germaine a protesté, comme protestent les saints, comme, le premier, protesta le divin Maître: *Jesus autem tacebat (2), quant à Jésus, il se taisait!...*

Le silence et le pardon en face du mépris qui persévère et de l'injure qui s'encourage, — quelle humilité! quelle résignation! quelle charité!

O Germaine! dites-nous à quelle école vous avez appris qu'il faut se renoncer soi-même, tout endurer sans se plaindre et tout pardonner.

Ou plutôt, faites-nous connaître à quelle source vous avez puisé cette puissance d'énergie qui

(1) Jérem. XX. — 7.

(2) Matth. XXVI. — 6.

vous élève au-dessus de vous-même, jusqu'à vous faire aimer ce que la nature cherche le plus à éviter : les blessures de l'amour-propre, les anéantissements de l'intelligence et du cœur !...

V. Ici, Mes Frères, il faut nous recueillir, car un grave devoir nous sollicite.

Ah ! si à la vue de ces sublimes épanouissements de l'héroïsme chrétien, absorbés par un stérile sentiment d'admiration, vous n'aviez pas éprouvé le besoin de rendre au Seigneur l'hommage qui lui est dû, il ne me resterait qu'à *me voiler la face (1)*, comme le Prophète, et à gémir sur votre aveuglement.

Heureusement, il n'en est pas ainsi. Non, je ne suis pas condamné à concevoir des alarmes sur la droiture de votre cœur et la pureté de votre Foi. Je m'en applaudis et vous en félicite, au nom de l'Église, notre mère, qui nous enseigne que *toute grâce excellente vient d'en haut et descend du Père des lumières (2)* ; au nom de Germaine elle-même qui nous crie : *Louez le Seigneur, ô vous qui êtes ses serviteurs, louez*

(1) Ezéch. *Faciem tuam velabis.* XII. — 6.

(2) Jacob. *Omne datum optimum, et omne donum perfectum desursum est, descendens à Patre luminum.* I. — 17.

le nom du Seigneur (1). Le Tout-puissant a fait en moi de grandes choses (2). C'est lui qui tire de la poussière celui qui est dans l'indigence, et qui va chercher dans la fange celui qui est pauvre et petit, pour le placer avec les princes de son peuple (3).

Oui, Mes Frères, louons le Seigneur, car Germaine est son ouvrage.

Voyez plutôt :

Une pauvre enfant du hameau, ignorante et chétive, qui, dès ses premières années, et sans se démentir un instant, donne l'exemple des plus hautes vertus évangéliques, — qu'est-ce autre chose qu'une manifestation solennelle de la Grâce et du Dieu qui en est l'auteur? Ah! je défie que quelqu'un puisse hésiter à rendre ce témoignage, et à répéter avec nous : *Le doigt de Dieu est là, digitus Dei est hic (4).*

En effet, ce cœur sitôt et si absolument détaché de lui-même ; ce cœur sitôt et si absolument tourné vers le Ciel, — le cœur de Germaine enfin, qui l'a formé?

(1) *Laudate, pueri, Dominum: laudate nomen Domini.* Ps. CXII. — 1.

(2) *Fecit mihi magna qui potens est.* Luc I. — 49.

(3) *Suscitans à terra inopem, et de stercore erigens pauperem.* Ps. CXII. — 7.

(4) Exod. VIII. — 19.

N'est-ce pas Celui qui a dit : *apprenez de moi que je suis doux et humble de cœur* (1) ?

Nest-ce pas Celui qui a dit : *si quelqu'un veut marcher à ma suite, qu'il se renonce lui-même et qu'il porte sa croix* (2) ?

N'est-ce pas Celui qui a dit : *heureux ceux qui ont le cœur pur, parce qu'ils verront Dieu* (3) ?

Ces paroles sont vos paroles, ô mon Dieu ! Elles sont exemptes d'erreur et de mensonge ; elles sont comparables à *un argent éprouvé au feu, passé au creuset d'argile, et purifié sept fois* (4). Elles ont retenti aux oreilles de Germaine, comme une délicieuse harmonie, et Germaine les a écoutées avec amour ; car déjà, du souffle fécond de votre grâce, vous aviez touché cette âme à peine éclose, et vous aviez dit : *voilà un vase d'élection, vas electionis est mihi iste* (5).

(1) *Discite à me quia mitis sum et humilis corde.* Matth. XI. — 29.

(2) *Si quis vult post me venire, abneget semetipsum, et tollat crucem suam.* Id. XVI. — 24.

(3) *Beati mundi corde, quoniam Deum videbunt.* Id. V. — 8.

(4) *Eloquia Domini, eloquia casta : argentum igne examinatum, probatum terræ, purgatum septuplum.* Ps. XI. — 7.

(5) Act. IX. — 15.

Gloire à vous, Seigneur, *qui donnez le vouloir et le faire (1) !*

Gloire à vous, *qui appelez ceux que vous avez choisis ; qui justifiez ceux que vous avez appelés, et qui glorifiez ceux que vous avez justifiés (2) !*

L'action de la Grâce, Mes Frères, est donc ici manifeste, et c'est le cas, ou jamais, de dire avec la sainte Écriture que *Dieu arrive à ses fins avec force, et qu'il dispose toutes choses avec suavité (3).*

Voilà comment Dieu fait ses chefs-d'œuvre !

Et dans cette conduite de l'infaillible Sagesse, quel abîme pour la raison humaine ! Ah ! n'essayons pas d'en sonder les profondeurs. « *La Grâce,* s'écrie un orateur célèbre, *c'est un mystère et un grand mystère, autant insaisissable que le Dieu qui en est l'auteur* » *(4).* Elle agit sur nous avec une étonnante fécondité de moyens,

(1) *Deus est qui operatur et velle et perficere.* Philip. II. — 13.

(2) *Quos prædestinavit, hos et vocavit, et quos vocavit, hos et justificavit ; quos autem justificavit, illos et glorificavit.* Rom. IX. — 30.

(3) *Attingit à fine usque ad finem fortiter, et disponit omnia suaviter.* Sap. VIII. — 1.

(4) P. Ventura. *Homélies sur les femmes de l'Evangile.*

multiformis gratia Dei (1). Elle déroute les mesquines subtilités de la science ; elle confond l'orgueil individuel, tandis qu'elle élève le niveau de l'humanité et lui ouvre des perspectives infinies.

Philosophes! Libres-penseurs! prenez-en votre parti. La Grâce est une manifestation irrécusable du Dieu que vous niez. Et si un jour, comme je le souhaite, vous retournez à lui, vous nous direz, pour l'avoir éprouvé vous-mêmes, comment la Grâce opère sur le cœur de l'homme, en lui laissant le mérite de ses œuvres ; je veux dire, sans lui ôter la liberté.

(1) I. Petr. IV. — 10.

Deuxième Partie

I. La vie de Germaine Cousin n'offre rien de remarquable aux yeux du monde. Mais, qu'il y a loin des jugements de Dieu aux jugements des hommes !

L'Esprit-Saint, voulant tracer le portrait de la *Femme Forte*, annonce, au livre des Proverbes, qu'*elle fait des actions généreuses, mémorables, manum suam misit ad fortia. (1)* Et il explique tout aussitôt sa pensée en ajoutant : *elle a pris son fuseau pour filer, digiti ejus apprehenderunt fusum (2).*

(1) XXXI. — 19.

(2) *Ibidem.*

C'est ainsi que le céleste Époux accepte pour épouse la fille du Prince, dont tout le mérite *vient du dedans, omnis gloria filiæ regis ab intùs (1).*

Cela signifie, Mes Frères, que de l'obscurité de nos actions peuvent se dégager des clartés divines, et que si petit que l'on soit selon le monde, on peut atteindre aux plus hauts sommets de la gloire dont Dieu est le dispensateur.

Germaine Cousin est un exemple de ce que j'avance :

Quelle existence plus ignorée que la sienne ! Et dans les actes qui la remplissent, quelle simplicité !

Elle est occupée à la garde d'un troupeau. Tous les jours, elle devance l'aurore, et s'en va, la houlette à la main, la quenouille au côté, conduire au pâturage ses chères brebis.

Souvent, elle rencontre, sur son passage, des pauvres qui lui tendent la main. Elle détache son tablier modestement relevé jusqu'à la ceinture ; elle en retire un morceau de pain noir qu'elle distribue à ces amis de Jésus-Christ qui sont aussi ses amis.

Ce morceau de pain, hélas ! devait être sa seule subsistance, tout le long du jour. Mais la charité peut-elle être absente d'un cœur où Dieu habite ? Germaine s'oublie elle-même ; c'est le propre de la charité. A défaut de vêtements pour couvrir ceux

(1) Ps. XLIV. — 14.

qui sont nus, pour réchauffer ceux qui ont froid, elle donne à ceux qui ont faim son pain de chaque jour ! Ah ! la belle action ! Que si les hommes ne peuvent s'empêcher d'y applaudir, que sera-ce de Celui qui a promis une *récompense,* — et quelle récompense ! — *en retour d'un verre d'eau froide donné en son nom ?... (1).*

Quant à Germaine, soit que, la journée durant, elle souffre la faim ; soit que, pour se substanter, elle mange des racines ou des fruits sauvages, elle continuera de louer Dieu, s'encourageant, de plus en plus, à l'aimer de toute son âme et à le servir de toutes ses forces...

II. Mais voici que la cloche du village se fait entendre. Elle annonce la messe qui va se dire à l'église de Pibrac.

A ce signal, que la piété chrétienne comprend toujours, Germaine plante dans le gazon sa quenouille rustique, et je la vois, modeste, recueillie, se diriger vers la maison de son Dieu.

Et vous, pauvres brebis, jusqu'au retour de la bergère, qu'allez-vous devenir ?... — Sans guide,

(1) *Quicumque potum dederit... calicem aquæ frigidæ tantùm... non perdet mercedem suam.* Matth. X. — 42.

n'allez-vous pas vous égarer ? — Sans protection, ne tomberez-vous pas sous la dent du loup ?...

Soyez sans alarmes, Mes Frères, — les brebis de Germaine semblent obéir à un mystérieux instinct que vous apprécierez. Vous les voyez, dès que la bergère s'éloigne, venir, une à une, se grouper doucement autour de sa quenouille. Elles sont là, immobiles, oubliant l'herbe tendre, et comme dans l'attente du retour de Germaine. — Et jamais un danger quelconque ne les menaça, même en l'absence de la bergère. Les loups descendent souvent de la forêt et portent leurs ravages au milieu des troupeaux voisins. Quant au troupeau de Germaine, jamais il ne fut ni entamé, ni attaqué...

Est-ce providence ? Est-ce hasard ?

Ah ! j'hésiterais à répondre si le Ciel s'était montré pour Germaine moins prodigue de ses faveurs. Oui, j'hésiterais si, au temps où nous sommes, ce n'était pas un devoir de proclamer bien haut ce que l'on croit, ce que l'on sent quand il s'agit de Dieu et de son intervention dans les choses de ce monde. Sans la permission de Dieu, pas un grain de sable ne remue. C'est par lui que tout vit et se meut dans ce vaste univers. Il est le *commencement et la fin* (1) de toutes choses. Et tandis que, de sa foudre, il frappe les hautes cimes, l'humble brin d'herbe

(1) *Apoc. Ego sum et principium et finis, dicit Dominus.* I.— 8.

de la vallée croît et se soutient par sa protection.

Adorons, dans l'humilité de notre cœur, ce grand Dieu du Ciel qui ne dédaigne pas les petits de la terre, et qui les fait siens pour confondre les superbes et les grands.

Mais, revenons à notre Sainte.

III Aujourd'hui, le temps est mauvais et les chemins sont difficiles. La nuit précédente, un orage a grossi le ruisseau qu'il faut traverser pour se rendre à l'église, et ce ruisseau est devenu torrent...

Germaine, n'est-ce pas ? n'assistera point à la messe aujourd'hui ?

C'est une erreur, Mes Frères, car Germaine n'y a jamais manqué !

Au premier son de la cloche, elle s'achemine, comme à l'ordinaire, sans égard pour les difficultés du trajet, et tout le monde sait à Pibrac, et tout le monde raconte, qu'elle a toujours traversé, à *pied sec*, les eaux du torrent.

Ceci vous étonne, Mes Frères, et peut-être vous doutez.

Quant à moi, je n'éprouve ni étonnement, ni doute. Mon cœur est agité par des sentiments bien différents : l'admiration et la crainte le remplissent tout entier...

J'admire en Germaine la fidélité et la constance dans le service de Dieu !

Je crains pour vous et pour moi, les jugements qui sont réservés aux hommes de peu de foi.

Le tintement matinal de la cloche de Pibrac, qu'est-ce pour Germaine ?

C'est la voix de Jésus-Christ qui lui dit : *viens !*

Et vous voulez qu'elle se montre indifférente et timide quand le céleste Époux l'appelle ?...

Le souci de son troupeau la retiendra-t-elle ?

— Non ! Elle manquerait de foi !

Les eaux grondantes du torrent la feront-elle hésiter ?

— Non ! Elle manquerait d'amour !

La Foi et l'Amour ne connaissent point d'obstacle. L'hésitation et la peur sont les filles de l'égoïsme et du doute. *Qu'ils craignent*, s'écrie S. Gérôme, *qu'ils craignent, ceux qui ne croient pas, illi timeant in quibus remanet incredulitas.*

Du sein des flots, Jésus-Christ dit à Pierre : *viens à moi ! (1).*

Et Pierre qui *croit* et qui *aime*, s'élance vers Jésus, et les flots s'affermissent sous ses pieds. (2)

O Foi ! ô Amour ! Quelle est votre puissance !

(1) *At ipse ait : veni.* Matth. XIV. — 29.

(2) *Et descendens Petrus de naviculá, ambulabat super aquam ut veniret ad Jesum. Ibid.*

Ah ! comme vous portez haut l'humanité ! Les éléments vous obéissent ; vous dominez la mort ! Que dis-je ? Vous faites violence à Dieu lui-même qui, pour vous rendre témoignage, suspend le cours des lois qu'il a établies...

O Foi ! éclaire nos âmes !

O Amour ! viens les consumer !

IV. Suivons notre sainte bergère à travers les sentiers du vallon ; suivons-là jusques dans le bois où elle aime à conduire son troupeau.

Tandis qu'elle tient l'œil ouvert sur ses brebis, et que le mobile fuseau tourne entre ses doigts, son cœur est en haut ! Que ses lèvres remuent ou qu'elles soient immobiles, sa pensée est avec Dieu ; — elle prie !

Par un matin de printemps, la fleur dilate son calice qui s'ouvre tout entier à la rosée du Ciel.

Ainsi Germaine ouvre son âme aux effusions de la grâce divine, cette manne mystérieuse qui nourrit les saints.

Comme elle s'épanouit sous les suaves influences du pur amour ! Son front s'illumine, sa joue se colore, son sourire se dilate ; — ah ! c'est que Dieu parle à son cœur !...

Heureux celui qui entend la parole de Dieu ! (1) Ineffable parole qui a la vertu de créer des mondes et de les anéantir, et qui, lorsqu'elle pénètre dans les profondeurs d'une âme, y fait couler des torrents de lumière et de voluptés !...

Germaine écoute cette parole. — Ce qu'elle en éprouve, je l'ignore. — Ce qu'elle y répond, je ne le sais pas...

Toutefois, j'aime à la surprendre, à demi-cachée dans le feuillage et à genoux devant cette *Croix de bois* qu'elle a façonnée de ses propres mains. — Quel spectacle !

C'est l'amour qui prend ses deux ailes et s'élève jusqu'à sa vraie source et son centre naturel qui est Dieu, — et j'entends le dithyrambe de l'amour !

C'est l'adoration qui se consume comme la flamme de l'autel et s'épand comme la fumée de l'encensoir, pour monter, monter encore, monter toujours, — et j'entends l'hymne de l'adoration !

C'est la reconnaissance aux accents émus, avec ses larmes qui rafraîchissent et ses soupirs qui ne déchirent pas, — et j'entends le chant de la reconnaissance !

J'entends la plainte de l'exil, le cri de l'espérance, le joyeux *hosanna* de la patrie, — notes

(1) *Beatus homo qui audit me*. Prov. VIII. — 34.

brûlantes qui pénètrent la nue et vont se mêler aux éternelles harmonies de l'éternelle Sion.

Priez, ô Germaine ! car votre prière est autant un bienfait pour la terre, qu'elle est une joie et un hommage pour le Ciel.

Priez, maintenant surtout que votre prière n'a plus d'intervalle à franchir pour arriver à Dieu.

Priez pour l'Église qui a des pleurs amers et des déchirements profonds !

Priez pour la France, si fière de vous avoir vu naître, et de là-haut, faites descendre en elle cet esprit chrétien qui, seul, fait la grandeur, le bonheur et le salut des peuples !

V. Voulez-vous, Mes Frères, pénétrer plus avant dans le cœur de notre Sainte bien-aimée, et y chercher le secret de son immense amour pour Dieu ? Ecoutez S. Augustin. A son langage, vous reconnaîtrez Germaine, car les saints se ressemblent tous, pareils aux rameaux d'une souche commune, nourris de la même sève et portant les mêmes fruits.

« Quand je vous aime, ô mon Dieu, s'écrie le « grand évêque d'Hippone, quand je vous « aime, qu'est-ce que j'aime ?... J'aime une

« lumière, une voix, un parfum, un aliment,
« je ne sais quelle étreinte d'amour ! Mais c'est
« l'homme intérieur que charme cette lumière,
« cette voix, ce parfum, cet aliment, cette douce
« étreinte. C'est cette partie de moi-même où
« brille une lumière qui n'est point bornée par
« l'espace ; où se fait entendre une mélodie dont
« les accords ne sont jamais interrompus ; où
« s'exhale un parfum qu'aucun souffle du vent
« ne vient dissiper ; où je savoure un aliment
« que mon avidité ne saurait diminuer ; où enfin
« je m'unis avec délices à un objet dont la pos-
« session conserve toujours les mêmes enivre-
« ments. Voilà ce que j'aime quand j'aime mon
« Dieu. » (1)

Oui, Mes Frères, voilà ce qu'aiment les saints et de quelle manière ils aiment.

Et voilà aussi de quoi confondre notre indifférence pour Dieu et notre peu d'attrait pour les choses du Ciel.

Ah ! nous sommes engagés dans une fausse voie. Nous cherchons le bonheur là où il n'est pas. Nous adressons nos vœux à qui ne saurait les entendre, moins encore les exaucer. Et nos stériles efforts venant se briser contre d'invincibles obstacles, nous tombons de lassitude dans le sillon que nous avons creusé. Ainsi, le

(1) Confessions. X. — 6.

voyageur qui lutte impuissant contre l'intempérie, recule au lieu d'avancer, et se laisse tomber, épuisé, sur le bord du chemin.

Aimons Dieu, Mes Frères, aimons-le de toute notre âme, de tout notre esprit, et nous vivrons sans fatigue, comme sans déceptions.

VI. Après avoir réfléchi à la manière dont les saints sont unis à Dieu, entièrement absorbés en Dieu, je n'ai plus de peine à comprendre les priviléges dont ils sont l'objet. — Oui, je comprends le ravissement de saint Paul, les extases de sainte Thérèse, les visions prophétiques de saint François-Xavier. Je comprends tout cela, et j'adore, le front dans la poussière, ce grand Dieu du Ciel dont la puissance est sans limites, aussi bien que son amour.

Et quoi d'étonnant, d'ailleurs, si en vue de sa gloire et pour la plus grande édification des hommes, le Seigneur se plaît à élever la lumière sur le candélabre, afin *qu'elle brille aux yeux de tous ! (1)*

Quoi d'étonnant, je le demande, s'il appelle sur le Thabor un de ses serviteurs éprouvés; s'il l'environne de sa lumière comme d'un vête-

(1) *Ut luceat omnibus qui in domo sunt.* Matth. IV. — 15.

ment ; s'il fait parler autour de lui son tonnerre, et si, déchirant la nue, sa grande voix se fait entendre, disant à l'univers étonné : *celui-là est un Saint ! suivez son exemple !...*

Tout cela, quoi qu'on dise, est dans l'ordre, et j'ajoute que tout cela est dans les faits.

Car enfin, Mes Frères, quel est celui d'entre vous qui se lèvera pour me contredire, quand je viens affirmer que Germaine Cousin a été marquée au cœur du sceau de la sainteté, et que le Ciel a pris soin de nous en fournir les témoignages ?...

Nous avons vu déjà la sainteté de Germaine s'affirmer à nos yeux par les manifestations les moins équivoques de l'action divine, et sur ce front virginal nous avons salué l'auréole des prédestinés. Point n'est besoin de preuves nouvelles, et vous ne demandez pas, sans doute, que je vous rappelle le *miracle des Fleurs*. Depuis deux siècles et demi, il est dans toutes les bouches. Il a été reproduit sur la toile et sur le marbre, et en présence de cette *Statue* qui le retrace ici à nos yeux avec tant de vérité, c'est à peine si j'ose le redire devant vous.

Et pourtant, il est une chose que je ne saurais taire et que je veux proclamer aussi haut et aussi loin que mes faibles accents puissent atteindre, — c'est l'infinie sagesse de Dieu qui arrive toujours à ses fins par des voies sûres.

Soyez juges vous-mêmes.

Jusqu'ici, vous le savez, Mes Frères, Germaine a été méconnue et méprisée de tous. Vous savez à quels humiliants dédains elle a été en butte, et que pas une voix ne s'est élevée pour l'en défendre.

Et voilà qu'un jour, tandis qu'elle mène paître son troupeau, la belle-mère se précipite, furieuse, sur ses pas. La voyez-vous courir à travers champs, sans suivre aucun chemin, sans tenir compte d'aucun obstacle ? Elle profère des imprécations atroces ; elle fait entendre les plus cruelles menaces. — Où va-t-elle ? Que veut-elle, cette femme que la colère exalte, que la haine a égarée ?

Elle vient d'apprendre que Germaine donne aux pauvres, tous les matins, et elle soupçonne qu'elle appauvrit la maison par la soustraction renouvelée d'une quantité considérable de pain. Elle veut s'assurer du fait, à l'heure même, et punir, à sa façon, la jeune fille.

Et Germaine s'en va, conduisant son troupeau, bénissant le Seigneur, impatiente de retrouver ses pauvres qui l'attendent, sans doute, à quelque détour du sentier.

Tout à coup, elle est en présence de la belle-mère qui, d'une main, lève sur sa tête un bâton noueux et, de l'autre, lui arrache son tablier.

Mais, ô merveille ! Qu'est devenu le pain que

Germaine réservait pour ses pauvres? De son tablier s'échappent des fleurs, *rien que des fleurs!* Elles sont fraîches écloses, abondantes et belles, inconnues dans le pays, et sans aucune raison d'être, puisque nous sommes en plein hiver...

A la vue de la belle-mère s'avançant irritée, menaçante, contre Germaine, des paysans sont accourus des champs voisins pour protéger la bergère. Ils sont témoins du prodige. Ils en restent stupéfaits, et ils se regardent en disant : *c'est une Sainte !*

Ce que j'ai bien le droit de traduire ainsi : Dieu est tout-puissant ! La vertu n'est pas un vain mot !

Et vous tous, Chrétiens, d'ajouter avec un enthousiasme auquel je demande à m'associer : Gloire à Dieu ! Honneur à la vertu !

Or, dès ce moment, quand de près ou de loin, on aperçoit Germaine, chacun éprouve comme un religieux frisson, et l'on entend répéter de tous côtés : *c'est une Sainte !...*

Désormais, plus d'injures, plus de mépris. Il s'est fait autour de la jeune villageoise, comme une atmosphère de vénération, et ce sentiment qui s'impose à tous, ne trouve plus un contradicteur.

Ainsi, Dieu se manifeste, à son heure, pour la gloire de son nom et pour notre instruction.

Et quand il se montre, voilà que tout front s'incline et tout cœur s'humilie...

Je me trompe, et ce n'est pas sans douleur que je me vois contraint de le reconnaître : il est encore des *fronts d'airain* (1) et des *cœurs de pierre.* (2) Oui, l'impiété reste avec ses préjugés et son aveuglement. Elle s'obstine à douter de la toute-puissance et de la bonté de Dieu. Que dis-je ? Elle pousse le blasphème jusqu'à douter de Dieu lui-même !... Mais viendra le jour où, pour parler avec un grand Docteur, *le Seigneur du Ciel jugera lui-même sa cause...* (3)

Quant à nous, Mes Frères, confessons hautement notre foi, et, nous souvenant des paroles du Psalmiste, unissons notre voix à la voix qui descend du Ciel, à la voix qui monte de la terre, pour rendre hommage au Dieu tout-puissant qui se révèle par les œuvres de sa droite, quand il lui plaît et comme il lui plaît !

VII. La mort de Germaine Cousin fut, comme sa naissance et sa vie, obscure et ignorée.

(1) *Scivi enim quia durus es tu... et frons tua ærea.* Isaïe. XLVIII. 4.

(2)... *Cor lapideum.* Ezech. XI. — 19.

(3) S. Jean-Chrisostôme.

Elle avait environ 22 ans.

Un soir, la sainte bergère s'était couchée, comme de coutume, sur ses sarments. Et voilà que, dans la nuit, un cri mystérieux retentit à son oreille : *l'Époux! l'Époux est là! Ecce sponsus venit...* (1)

Ce ne fut pas pour Germaine une surprise. Elle attendait l'Époux ; elle était prête. Sa lampe brûlait encore, sa lampe brûlait toujours ; — c'était une *vierge prudente et fidèle! virgo sapiens et una de numero prudentùm.* (2)

Le lendemain, les brebis de Germaine étaient demeurées dans l'étable, et nul n'avait aperçu Germaine...

On alla voir sous l'escalier de la maison : Germaine dormait, mais du sommeil des élus ; — *Germaine était morte!...* Elle avait fui de sa prison d'argile pour suivre l'*Époux* aux noces éternelles de l'amour!...

Heureux sommeil auquel succède un réveil exempt d'illusions et de mensonges!

Heureuse fuite qui conduit aux immortels rivages de la patrie!

O Filles de Sion! *Entonnez vos cantiques!* (3) Voici venir la *Vierge de Pibrac!...*

(1) Matth. XXV. — 6.

(2) Brev. Rom.

(3) *Frequentate nobis dulcia cantica dramatis. Ibidem.*

O vous tous, habitants des Cieux, applaudissez au triomphe de Germaine !

Elle s'avance, radieuse et pure, à la voix du céleste Époux :

Viens, lui dit-il, *tu seras couronnée, veni coronaberis.* (1)

Découvre la beauté de ton cœur et la majesté de ton front, viens ! specie tuâ et pulchritudine tuâ intende. (2)

Approche, sois heureuse, et règne dans les cieux ! Prospere procede et regna. (3)

Grand Dieu ! avec quelle magnificence vous récompensez vos élus !

Une couronne ! Un trône ! Un bonheur qui ne doit pas finir, dans cet impérissable royaume de la joie et de la paix, qui ne connaît d'autres limites que celles de l'éternité !...

Et sur la terre aussi, pour vos élus, quelle gloire !

Ah ! si l'on me demande ce qu'a été Germaine ici-bas, et ce qu'elle est aujourd'hui là-haut, je répondrai : par son intercession, les paralytiques marchent, les sourds entendent, les aveugles voient, les affligés sont consolés !

(1) Cant. IV. — 8.

(2) *Ps.* XLIV. — 5.

(3) *Ibidem.*

O incrédules ! inclinez-vous devant ce tombeau devenu *glorieux*. (1)

On y accourt en foule, des lieux les plus divers et les plus éloignés. C'est que sur ce tombeau nul ne s'agenouille en vain. — Et qui sait si, parmi ceux qui m'écoutent, il n'en est pas qui seraient heureux de faire entendre, ici même, le cri de la reconnaissance et de l'amour ?

Gloire à Dieu ! Honneur immortel à Germaine Cousin !

Enfin nos vœux sont accomplis !

Le nom de Germaine est acquis désormais au culte catholique. Il brille, il brillera éternellement au Livre d'or, où sont écrits avec le sang de l'Agneau, les noms des Confesseurs, des Martyrs et des Vierges !

Encore une fois, qu'il soit loué, qu'il soit glorifié à jamais, le Dieu de l'Éternité !

(1) *Erit sepulchrum ejus gloriosum*. Isaïe. XII. — 10.

Les voies de Dieu sont impénétrables, comme ses desseins sont éternels.

Le monde s'obstine à ne le point comprendre ; — quel malheur pour le monde !

Il va, poursuivant ses projets qu'il édifie en dehors de Dieu et contre Dieu même, — il va, le chant du triomphe à la bouche et la menace au cœur, jetant au camp d'Israël le défi de l'impiété : *ubi est deus eorum? (1) où est donc le Dieu que vous adorez?*

Vanité des vanités ! Le Seigneur, qui se joue des puériles combinaisons des hommes, se révèle, en son temps, pour les anéantir. Il se montre, et cette autre Babel est mise à bas ! Et nous de répondre alors avec un secret enthousiasme : *notre Dieu! Il est dans le Ciel, Deus autem noster in cœlo ; il a fait tout ce qu'il a voulu et quand il a voulu, omnia quœcumque voluit, fecit (2).*

C'est ainsi, Mes Frères, que, depuis longues années, on prépare la ruine de l'Église catholique.

Pour arriver plus vite et plus sûrement au but, on s'en prend au fondement qui est Jésus-Christ, et l'on dit de lui qu'il n'est point Dieu.

Puis, on vise à celui qui est son représentant visible sur la terre, et l'on dit du Pape qu'il a

(1) *Ps.* CXIII. — 2.

(2) *Id.* CXIII. — 3.

fait son temps. On l'assiége, on le dépouille, et l'on croit ainsi l'empêcher de vivre, et déjà l'on publie de toutes parts qu'il ne vit plus...

Mais voici que tout sera confondu, — les calomnies sacriléges et les sacriléges visées de l'impie.

A un signal parti du Vatican, l'univers catholique a été saisi d'un frémissement universel, et d'un pôle à l'autre des mondes connus, une commotion profonde s'est fait sentir...

Ah! que se passe-t-il donc?

Par tous les chemins qui aboutissent à la Ville Éternelle, je vois arriver de pieux pélerins. — Ce sont les Sages, ce sont les Forts d'Israël, les *Anges de toutes les églises,* comme parle l'Apocalypse.

Il en est venu de toute nation, de toute langue, de toute tribu. L'Orient a envoyé ses Pontifes, aussi bien que le Septentrion.

Ils sont tous accourus vers Pierre, parce que Pierre leur a dit: *Venez!*

Et puis, ils ont formé autour de lui comme une ceinture d'or, et, debout au milieu d'eux, l'auguste Vieillard a fait entendre sa puissante voix. Et la terre attentive, l'a écouté avec un tressaillement d'espérance et d'allégresse.

Ah! ç'a été un beau spectacle!

Pierre affirmant son existence dix-neuf fois séculaire, et proclamant de plus fort la perpétuité et l'immuabilité de la foi du Christ, — quelle leçon pour l'impiété qui voit péricliter son entreprise et abaisser son orgueil !

Pierre préconisant la vertu chrétienne et décernant l'apothéose aux héros de la sainteté, — quelle joie pour le Ciel et quel encouragement pour la terre !

Et c'est là, vous le savez, Mes Frères, c'est au milieu de cette assemblée des Sages, la plus sainte, la plus auguste qui se puisse imaginer, que le Pontife de Jésus-Christ a attaché au front de Germaine Cousin la couronne des Vierges.

« J'étais fier, s'écrie un de nos plus grands « Évêques, présent aux fêtes de la Canonisation, « j'étais fier en entendant sur les lèvres du Saint- « Père, ce nom français, et en pensant que cette « fleur du Ciel s'était épanouie ici-bas sous le « soleil de la France. Je me disais, non sans « douceur et consolation, que ma patrie n'avait « pas cessé d'être chère à Dieu, puisqu'elle aussi « est encore la terre des saints. » (1)

Mes Frères ! Ce sentiment aussi élevé dans son expression que dans son principe, je demande à Dieu qu'il trouve place dans votre âme.

L'Église et la France ! Ah ! ne les séparons jamais dans notre cœur.

Religion ! Patrie ! que telle soit notre devise,

(1) Mgr. Dupanloup, évêque d'Orléans.

au jour de l'épreuve, comme au temps de la prospérité !

Et maintenant, Mes Frères, il ne me reste plus qu'un cri à pousser en haut.

Gémissement ou prière, ce cri s'échappe de mon âme et demande à monter.

Ah ! il ne s'arrêtera pas aux voûtes de ce temple, j'en suis sûr, car vous vous unirez tous à moi pour le faire arriver au Ciel :

Vierge de Pibrac ! ô Sainte Germaine !

Près de Dieu où vous êtes et où vous serez éternellement,

Priez, priez pour nous ! — Ainsi soit-il.

Foix, typographie et lithographie POMIÈS. — 508

www.ingramcontent.com/pod-product-compliance
Lightning Source LLC
LaVergne TN
LVHW010100230826
846091LV00005B/2022

* 9 7 8 2 0 1 3 3 7 2 9 6 1 *